CANTARES DEL MÁS ACÁ

EC
EDITORIAL CÁNTICO
COLECCIÓN · DOBLE ORILLA, POESÍA

DIRIGIDA POR RAÚL ALONSO

cantico.es · @canticoed

Suscríbete a nuestro blog en
Medium @canticoed

© Jorge Solís, 2025
© Editorial Almuzara S.L., 2025
Editorial Cántico
Parque Logístico de Córdoba
Carretera de Palma del Río, km. 4
14005 Córdoba
© Fotografía de autor: Patricia Peral, 2023
Imagen de las falsas guardes iniciales:
Der Morgen (1821) de Caspar David Friedrich
Imagen de cubierta y de las falsas guardas finales:
Der Abend (1821) de Caspar David Friedrich

ISBN: 978-84-10288-67-6
Depósito legal: CO 465-2025

Impresión y encuadernación:
Imprenta Luque S.L.

JORGE SOLÍS

CANTARES
DEL MÁS ACÁ

EDITORIAL CÁNTICO

COLECCIÓN DOBLE ORILLA **POESÍA**

SOBRE EL AUTOR

JORGE SOLÍS (Cáceres, 1991) es bibliotecario en Madrid. Ha publicado *Cuartetos* (2017), *Perros que cantan* (2019) y *Ensayos* (2021) en la editorial El Sastre de Apollinarie. En 2023 publica *Aún más en la mirada* (Cántico), con el que gana el I Premio de Poesía Joven Pablo García Baena (2ª época).

Sus poemas han sido traducidos al inglés y al chino, así como han sido recogidos y reseñados en revistas como Piedra del Molino (2021), Nayagua (2022), Casapaís (2022) o antologías como *Poetas Extremeños del siglo XXI* (RIL, 2025).

A Nerea

CANTARES DEL MÁS ACÁ

hagamos de manera que, por medio de este ejercicio de amor ya dicho, lle-guemos hasta vernos en tu hermosura en la vida eterna, esto es: que de tal manera esté yo transformada en tu hermosura, que, siendo semejante en hermosura, nos veamos entrambos en tu hermosura, teniendo ya tu misma hermosura; de manera que, mirando el uno al otro, vea cada uno en el otro su hermosura, siendo la una y la del otro tu hermosura sola, absorta yo en tu hermosura; y así te veré yo a ti en tu hermosura, y tú a mí en tu hermosura, y yo me veré en ti en tu hermosura, y tú te verás en mí en tu hermosura; y así, parezca yo tú en tu hermosura, y parezcas tú yo en tu her-mosura, y mi hermosura sea tu hermosura y tu hermosura mi hermosura; y así, seré yo tú en tu hermosura, y serás tú yo en tu hermosura, porque tu misma hermosura será mi hermosura; y así, nos veremos el uno al otro en tu hermosura.

JUAN DE LA CRUZ

I. Canción del encuentro

Adónde te encontré
callado
      sin luz en tanto brillo
como el fuego
en la noche
        me extendías infinito

Adónde, amada que ya oíste
si en la noche estabas toda
    si ya no cierro los ojos, no, pues veo
      lo que antes estaba, era
          dentro
en el silencio completo

¡Ay! *tanto canta cuanto ama*
tanto,
 parada la luz en su destino
canta que canta
y el lenguaje desborda
   como brillo

La alegría vendrá
  bien sé de esta parte,
volviendo en la mirada
aquello
  que solo avanza
 entre las hojas clareadas

De verde
 ojos floridos, flores del oído
lo que suena yace
  en su sonido
y los reflejos arden
donde el espejo no ha de hallarse

Adónde y adónde
si lo de aquí yo ya lo veo
  y en todo estabas
adentro
  cantando como lo que ama
adonde yo ya me guardaba

Si de esta suerte caes, segura
al interior
  mis ojos, lo que veo
como lugar cierto,

tu yo todo cruzando
al bosque que está abierto

De frescor la vida
entre las flores
todo canta
si yo canto
si lo de adentro canta
ya del afuera iluminada

Yo no te busqué
pues siempre estabas
ya de esta parte
aquí tan dibujada
de todo en toda luz
donde el vivir es encontrarse.

II. Canción de respuesta Amor, amor, aquí ya dibujado
lo que es   es suficiente si es hermoso
y es, amor,   te estoy buscando
si solo se busca
en tan callando
aquello que ya se hubo encontrado

Pues yo
vengo del aire alto
a buscarte a mi lado
iluminando iluminada   imaginada luz
en la no encontrada,
los ojos bien gastados

mirando no miraba
y viendo no veía

                    pues lo vivido vence
          y crúzame en lo cierto
                 tu hermosura
          que en púrpura nos mece

          De la unidad íntima,
          el silencio nuestro
                 que el viento va moviendo
          las manos como cartas
          y todo en noche nueva
                 tu sombra bien sabiendo

          Vamos, vamos
          qué bien yo sé tu sombra
          qué bien ya mi deseo
                 que   abriendo lo tendremos
          y básteme tus ojos
                 que bien ya estoy en ellos.

III. Canción del fondo   Si ya de dos estamos
          aquí
                 del mundo en de mis labios,
          amor entra y sale en todo
          dentro   adentro todo
                 afuera el cambio

          En toda sombra intacta
          mundo   te nombras
                 tan a lo escondido
          de dos al todo conseguido,
          mundo en verde mundo
                 envuelto en los silencios encendidos

Si abrieras tus ojos
            más aún, oh amada
    verías   ya verías
un árbol a los dos
            un pájaro en la hierba
    que va mejor sabiendo la alegría

Pues yo voy al aire alto
            vengo del aire al aire
    al claro estar que vuelve
de las tinieblas
                    donde el deseo
    conoce lo que le precede

Ay ¿dónde la luz y dónde
de la fuente el gemir
está sonando   si cantas
            como aldaba
si *fuera de tu sombra*
no pasa nunca nada?

Van y vienen
            conseguidas de la luz
    las flores
            Oh! Sentidos, si fuerais
en este estar ya estando
    tan solo suficientes

Sí, si no fuera de ti
            desbórdame la vida que no vivo
ojos, nada fueron   allende de esta rosa
            hacia las nubes

arriba,
                    amor y luz: una misma cosa.

IV. Canción sin fondo   Si ya de la presencia la mañana
si ya de la presencia
                    amor que cantas
                    afuera el mundo en blanca llama
y al fondo sucedían
                    las cosas que yo amaba

amaba, amaba y amo
            amor
                    que dices las palabras
    llama blanca, flor iluminada
en todas dada
si ya de la presencia la mañana.

V. Canción del ciclo   Oh luz, lugar, mi antes
yo sabía, yo sabía
                    de otra noche hacia otro día
del todo simultáneo
        mas cúbreme de aquella
                    de todas tu presencia

La tuya
    si en este instante
yo tengo contigo
éste
            mi corazón tan grande
    en todo su sentido

Aquí,   aquí
    por todo cuerpo amado

que en mí ya lo viviste
ya ciérrame en los dedos
tus manos
            que no pueden ser tristes

Ojos no cerrados
            ojos profundos
 ya miraron
            tus ojos ya en mis ojos
iguales de mi tiempo
ardiéndome en lo claro.

VI. *Canción adentro*

Decidlo si es posible
y si es posible, calladlo
amado,
            el ritmo solo el ritmo
y en tan hondo
                        el corazón, la mano

De todo ya mi estado
adamando lo adamado,
            dando silencio estoy oyendo
lo que canta
                        más acá
            lo de afuera adentro

Pues si cierras los ojos
yo soy luz
            oscuro si los abres
que ves ya lo que veo
y estando aquí
            mi sombra luces cabe.

VII. Canción afuera   Con ojos o
sin ojos
            tú, tan cerca
    en todo
                las palabras
la música que tienta

Si ya tengo, oh amada
la experiencia
totalmente incompleta
            ya solo este lenguaje puede
sin mí llegar a conocerla
            de ti ya en mí tenerla

Pues tengo y en bien sabes
la verdad
                de nunca poseerla,
esta pequeña verdad
que llevo
            por tanto tiempo nuestra

Y no hay allá
más cierto
                que del aquí, la ternura
    si adentro   si afuera
si en lo que transparenta
            vayamos más acá de esta hermosura.

VIII. Canción de primavera Oh, del dulce
la primavera en medio de la primavera
ya suenan las palabras
adentro en donde reina
en silencio, bulliciosa
            aquella en su callada.

IX. Canción del mundo

Por toda la luz del mundo
                y seguro
sin noche hacia estas luces
el brillo   lo que tengo
si el mundo esta en tus ojos
ya todo en mi así surge

Por toda la luz y oscuro
                que sombra bien nos tiene
sin sueño
   iguales y tranquilos
que duermen mis sentidos
al fondo de tu vuelo.

X. Canción del centro

Amor, negra noche en cierto
        del silencio fuimos
esto   la hierba mora
                el cuerpo entrando
si solo tú puedes decir
    palabras que salen de mi boca

El comienzo, amado, no es aquí
las cosas
        suceden antes de su encuentro
en mi principio
estás sin fin
            estás aquí en su centro.

XI. Canción de las preguntas Escucha, escucha
amada
        si lo claro ya brillara
contesta, contesta
una a una las palabras
            que en tanto de volver yo imaginara

¿Es más denso callar
o estar callando?
Oh dime, del dulce balbuceo
estar sin voz o dar silencio?
¿hablar
o dar el tiempo?

Si siempre iluminada
¿dónde la palabra?
Amada, si siempre
del cuerpo cae tu sombra
¿así esta busca ya en su otra
al cuerpo que allí crece?

Amada, dime   damos amor
o solo vuelve?
Palabras que sonaran
si pudieras decírmelas, dime
¿es posible un tiempo
en el que no te amara?

XII. Canción de nueva luz   Si yo puedo dar luz, amado,
sin darme ya yo misma en todo estado
parto desde donde la luz comienza
sigo y subo
arriba a tu lado
con amor por única respuesta

Y allí donde la luz
ya ciéguenme tus ojos de palabra
la mía, ésta
que no quiero tenerla
si no es para ti de mi presencia
la más hermosa y cierta

Pues callo, hablo
incluso en los árboles
del sentido,
                los pájaros
que denme ya su brillo
dentro del mundanal ruido

Pues no corre aquí ya río
              ni hay silencio prístino
donde encegando
pudiéramos mirar
lo no encontrado
           el rastro del pasado aquí cantando

El mundo es aquí
           del todo en de tus labios
  del todo en de mi manos
y es bello estar cantando
los dos
          envueltos ya en los brazos.

XIII. Canción de vuelta   Voz
      pasión
digo
        esto
y esto
      amor mío

Lo que hay
es nuestro
        y es nuestro
esto
   de tan dentro
lo siempre que sabemos

¿No basta saber
          lo que sabemos?
¿No basta
          en el cielo huyendo
los ojos
          la piel hallada?

Amor,
          ya todo
crezco
     lo sé
del todo
          empiezo

Esto que no sé
es nuestro
          y canta
si vuelven como llama
               con nosotros
               las palabras

Del mundo
un solo pedazo que yo amara
lo tengo entre la hierba
y llegas y sabes
     del olvido que subiera
     que es contra razón que el mar se pierda

Y en todo estoy volviendo
hacia delante
          que sabes
que amor es
lo único este instante
     si instante es del infinito toda parte.

COMENTARIO

I. CANCIÓN DEL ENCUENTRO

1. *Adónde te encontré*
callado
            sin luz en tanto brillo
como el fuego
en la noche
            me extendías infinito

Del silencio
        la luz
el cuerpo
va callando
        callando
  de ya que hubo encontrado
        el cuerpo ya brillando
  de noche en tanto
noche
        por el mundo
        de ti ya iluminado

  ¿te busqué
        o en mí ya estabas
     si nunca te escondiste?

     En todo hallada
   en todo
        y al fondo
                más todo,
     más fondo
        de la profundidad, los ojos.

2. Adónde, amada que ya oíste
si en la noche estabas toda
si ya no cierro los ojos, no, pues veo
lo que antes estaba, era
dentro
en el silencio completo

Total sonido
ahora
     aquello, esto

si el sonido de esta noche
es el pasado
en todo
     tú lo fuiste
y eres
     de mis ojos
     negro

total silencio
se adentra

     que toda noche regresa

3. ¡Ay! tanto canta cuanto ama
tanto,
        parada la luz en su destino
canta que canta
y el lenguaje desborda
                como brillo

De la luz
        lo que ama hace palabra

4. La alegría vendrá
   bien sé de esta parte,
volviendo en la mirada
aquello
      que solo avanza
      entre las hojas clareadas

amada en los ojos
y amada
      nada sabiendo sino amor
   de claridad
hojas
   hojas
y más hojas, sí
qué sencillo
         y listo
         es lo bello

5. *De verde*
  ojos floridos, flores del oído
lo que suena yace
  en su sonido
y los reflejos arden
donde el espejo no ha de hallarse

El viento está
  el viento, en las hojas
el viento, en el oído,
  ojos que sonaran
de las flores
  el brillo

si digo, *yace*
digo: es
  sólo la música
  no la cosa

 si digo, *arden*
no ha lugar
  donde apagarse

6. Adónde y adónde
si lo de aquí yo ya lo veo
* y en todo estabas*
adentro
*   cantando como lo que ama*
adonde yo ya me guardaba

Dónde mirar
       y dónde
lo que veo
   si todo corre
de la luz al dentro
       y en todo estabas
       tan plácida palabra

7. Si de esta suerte caes, segura
al interior
            mis ojos, lo que veo
como lugar cierto,
tu yo todo cruzando
            al bosque que está abierto

De todos ya los árboles
aquí
        en mí
    ya todo es cierto

        abierta está la vida
            y tú

ya estás
        como las hojas
            al interior, mi afuera

8. De frescor la vida
entre las flores
                    todo canta
si yo canto
                    si lo de adentro canta
ya del afuera iluminada

Tan distinta la luz dentro que fuera

Juan Ramón Jiménez

9. Yo no te busqué
pues siempre estabas
ya de esta parte
aquí tan dibujada
de todo en toda luz
donde el vivir es encontrarse.

de todo en toda luz
donde el vivir es encontrarse.

II. CANCIÓN DE RESPUESTA

10. *Amor, amor, aquí ya dibujado*
lo que es   es suficiente si es hermoso
y es, amor,   te estoy buscando
si solo se busca
en tan callando
*   aquello que ya se hubo encontrado*

Habla, amada, habla
          tú que viniste
namorando namorada

          aquí estabas
          blanca la palabra

11. *Pues yo*
vengo del aire alto
    a buscarte a mi lado
iluminando iluminada   imaginada luz
en la no encontrada,
    los ojos bien gastados

Lo buscado
            es aquí
       lo abierto
   es esto

       lo que no existe
   brilla
       ya existe
           posible está en lo cierto

12. mirando no miraba
y viendo no veía
pues lo vivido vence
y crúzame en lo cierto
tu hermosura
que en púrpura nos mece

Callando
con silencio

en amor, la mañana

13. De la unidad íntima,
el silencio nuestro
        que el viento va moviendo
    las manos como cartas
y todo en noche nueva
        tu sombra bien sabiendo

Ebrios de vivir
lo que calla
        parece innombrable

    así, apenas quietos
            donde la sombra
            resplandece

    las manos,
        sus secretos ojos

14. Vamos, vamos
qué bien yo sé tu sombra
qué bien ya mi deseo
que   abriendo lo tendremos
y básteme tus ojos
que bien ya estoy en ellos.

Dichosos sean
los ojos
        cruzando
                cruzando
adentro
    ya en mí

        murmullo

        canta
                lo que canta
            y lo que calla
            también
                también

III. CANCIÓN DEL FONDO

15. *Si ya de dos estamos*
aquí
        del mundo en de mis labios,
amor entra y sale en todo
dentro   adentro todo
                afuera el cambio

No se conoce sino lo que se ama

GOETHE

16. En toda sombra intacta
mundo   te nombras
tan a lo escondido
de dos al todo conseguido,
mundo en verde mundo
envuelto en los silencios encendidos

Brilla
      y del brillo
asombrada
                  allí
      nadaba
            que nadaba

tan callada
 mi palabra

      si el alma ya brillara

17. *Si abrieras tus ojos*
    más aún, oh amada
    verías   ya verías
un árbol a los dos
    un pájaro en la hierba
    que va mejor sabiendo la alegría

Pájaro solitario,
    formidable
            pájaro
        de los indicios

la alegría
        de saber silencio
        y no buscarlo

    tus labios
dulcemente cerrados

18. Pues yo voy al aire alto
vengo del aire al aire
al claro estar que vuelve
de las tinieblas
donde el deseo
conoce lo que le precede

ya en los labios
el aire
        de las cosas que amo

19. Ay ¿dónde la luz y dónde
de la fuente el gemir
está sonando   si cantas
*   como aldaba*
si fuera de tu sombra
no pasa nunca nada?

nada sabiendo sino amor

Juan de la Cruz

20. *Van y vienen*
    conseguidas de la luz
  las flores
      Oh! Sentidos, si fuerais
en este estar ya estando
      tan solo suficientes

Deme
   lengua
los frutos
de tu suelo
       flores
      y flores
   y más flores
escondidas bajo el pelo

21. *Sí, si no fuera de ti*
     desbórdame la vida que no vivo
ojos, nada fueron   allende de esta rosa
               hacia las nubes
arriba,
     amor y luz: una misma cosa.

Del manantial
          el cielo.

IV. CANCIÓN SIN FONDO

22. Si ya de la presencia la mañana
si ya de la presencia
*   amor que cantas*
*   afuera el mundo en blanca llama*
y al fondo sucedían
*   las cosas que yo amaba*

Lo sagrado
es innombrable

ALBERTO DE LACERDA

23. *amaba, amaba y amo*
        amor
                que dices las palabras
        llama blanca, flor iluminada
        en todas dada
        si ya de la presencia la mañana.

Ahora
    y ahora
    más hermosos
            más,
        más

        más hermosos
        que nosotros mismos

    del amor
        arde
            siempre
        una mañana

V. CANCIÓN DEL CICLO

24. Oh luz, lugar, mi antes
yo sabía, yo sabía
*   de otra noche hacia otro día*
del todo simultáneo
*   mas cúbreme de aquella*
*   de todas tu presencia*

En noche hacia tu cuerpo
    tu cuerpo
            ya en la noche
    la noche que subiera
arriba
    allá
        donde la luz   la hicieras

25. *La tuya*
   si en este instante
yo tengo contigo
éste
      mi corazón tan grande
en todo su sentido

Lo que antes
fue
   ahora
      arde
luminoso,
         luminoso
      si lo dijera

   ¿reflejo
      aquí
         o
      presencia
               ahora?

   las distancias, tu sabes,
tu distancia
      para el corazón no existe.

49

26. Aquí,   aquí
por todo cuerpo amado
que en mí ya lo viviste
ya ciérrame en los dedos
tus manos
        que no pueden ser tristes

Me lo dijo
        del árbol
fue tu sombra
        antes, amor,
antes
    del ahora
            antes
        el amor
ya estaba
        antes

27. Ojos no cerrados
ojos profundos
ya miraron
tus ojos ya en mis ojos
iguales de mi tiempo
ardiéndome en lo claro.

Profundidad de los ojos
que otros ojos conocen

VI. CANCIÓN ADENTRO

28. Decidlo si es posible
y si es posible, calladlo
amado,
     el ritmo solo el ritmo
y en tan hondo
       el corazón, la mano

Sin decir más
     de lo posible
  Tú
Tú y yo,
  pájaro,
somos uno;
cántame, canta tú,
que yo te oigo;

     que mi oído es tan justo por tu canto.

Así,
que el sonido suba
al poema
que cimbreen
     las abubillas
  que *el sonido*
sea
     que tú seas
  de mi mano el mundo

29. *De todo ya mi estado*
adamando lo adamado,
   dando silencio estoy oyendo
lo que canta
        más acá
     lo de afuera adentro

Silencio
   que cantaras
desde tu adentro

      con el amor
        yo llevo
mi claridad
        adentro

30. Pues si cierras los ojos
yo soy luz
       oscuro si los abres
que ves ya lo que veo
y estando aquí
       mi sombra luces cabe.

y brilla
    ya
  mi vida
dentro
  ya – sobre la piel
    la piel brillando

    dentro
    un murmullo de pájaros

VII. CANCIÓN AFUERA

31. Con ojos o
sin ojos
  tú, tan cerca
 en todo
    las palabras
la música que tienta

amor en el oído,
por el oído
        visto

y de él
        lo invisible
    siempre
        y siempre
    lo mismo

32. Si ya tengo, oh amada
la experiencia
totalmente incompleta
ya solo este lenguaje puede
sin mí llegar a conocerla
de ti ya en mí tenerla

Habitar
 en el lenguaje
que quisimos cierto

        que éste sea
        sombra
  corriente profunda
y viva

       hacerlo
hacerme
              de sombra

       y luego
           sin forma
      mi vida – la luz entrando

33. Pues tengo y en bien sabes
la verdad
          de nunca poseerla,
esta pequeña verdad
que llevo
          por tanto tiempo nuestra

De tanta claridad
        tus manos
                de verdad
        lo verdadero

        nosotros – dónde
sin fin
        lo que me asombra?

34. *Y no hay allá*
más cierto
que del aquí, la ternura
si adentro   si afuera
si en lo que transparenta
vayamos más acá de esta hermosura.

Por toda la hermosura
nunca yo me perderé

JUAN DE LA CRUZ

VIII. CANCIÓN DE PRIMAVERA

35. Oh, del dulce
la primavera en medio de la primavera
ya suenan las palabras
adentro en donde reina
en silencio, bulliciosa
aquella en su callada.

Del profundo
    al bosque abierto

al otro lado de los árboles,
yo
    devolveré al mundo
 esta belleza

IX. CANCIÓN DEL MUNDO

36. Por toda la luz del mundo
y seguro
sin noche hacia estas luces
el brillo   lo que tengo
si el mundo esta en tus ojos
ya todo en mi así surge

Jacarandás – que brillas
de tus ojos
        el camino de tus ojos
    a mí
        mi corazón

37. Por toda la luz y oscuro
   que sombra bien nos tiene
sin sueño
   iguales y tranquilos
que duermen mis sentidos
al fondo de tu vuelo.

Cerrados
   si los tienes
   yo los tengo
      yo los tengo
cerrados si los tienes

X. CANCIÓN DEL CENTRO

38. Amor, negra noche en cierto
del silencio fuimos
esto   *la hierba mora*
el cuerpo entrando
si solo tú puedes decir
palabras que salen de mi boca

Llamadme solamente
con tu voz
    con tu voz solo
solo y
    ya no solo
con tu voz
    tu voz solo

39. El comienzo, amado, no es aquí
las cosas
     suceden antes de su encuentro
en mi principio
estás sin fin
          estás aquí en su centro.

Hermana –
Muéstrame
la Eternidad, y
yo te mostraré
la Memoria –

EMILY DICKINSON

XI. CANCIÓN DE LAS PREGUNTAS

40. Escucha, escucha
amada
    si lo claro ya brillara
contesta, contesta
una a una las palabras
    que en tanto de volver yo imaginara

Del silencio encendido
  solo
    la palabra
   su sucesivo brillo

41.   *¿Es más denso callar*
                    o estar callando?
          Oh dime, del dulce balbuceo
                         estar sin voz o dar silencio?
                ¿hablar
                         o dar el tiempo?

dulce y dulce
          la voz permanece
          llena de silencio
          llena y más
                más
                     ¿acaso pudiera
                dar sin voz
                          lo que contengo?

42. Si siempre iluminada
¿dónde la palabra?
Amada, si siempre
del cuerpo cae tu sombra
¿así esta busca ya en su otra
al cuerpo que allí crece?

lenta la flor
se abre
     y tan rápido
      marchita

pero el amor
que
  tan rápido
      es chispa
    nace
      lento –
        Muy lento
    su caer
      y
      rebotar
   de nuevo
   arriba
      hacia
    la voz
     que has de ser, corazón

sonido a la luz
     mi día

43. *Amada, dime   damos amor*
                    o solo vuelve?
Palabras que sonaran
si pudieras decírmelas, dime
        ¿es posible un tiempo
                en el que no te amara?

dime
¿es posible un tiempo
        en el que no te amara?

XII. CANCIÓN DE NUEVA LUZ

> *44. Si yo puedo dar luz, amado,*
> *sin darme ya yo misma en todo estado*
> *parto desde donde la luz comienza*
> *sigo y subo*
> > *arriba a tu lado*
> *con amor por única respuesta*

La *única respuesta*
    surgida
        del corazón – sigue

   y aún está
    aún
      cantando

45. Y allí donde la luz
ya ciéguenme tus ojos de palabra
la mía, ésta
que no quiero tenerla
si no es para ti de mi presencia
la más hermosa y cierta

En el interior
        de lo que veo
    allí
        está
    lo cierto
incierto de los ojos
total y sin distancia

        la palabra –
    revelación
        del sonido
    que tuvieras,
            tú
            sin las palabras

46. Pues callo, hablo
incluso en los árboles
del sentido,
los pájaros
que denme ya su brillo
dentro del mundanal ruido

Yo no tengo nada que purgar

JUAN RAMÓN JIMÉNEZ

47. Pues no corre aquí ya río
ni hay silencio prístino
donde encegando
pudiéramos mirar
lo no encontrado
el rastro del pasado aquí cantando

inmóvil
   lo no encontrado
         ya fue
y es, aquí
         aquí

   todo cambia su nombre

48. El mundo es aquí
   del todo en de tus labios
   del todo en de mi manos
   y es bello estar cantando
los dos
      envueltos ya en los brazos.

Amor,
   lo buscado es aquí,
aquí
   del ruido

   nosotros lo habitamos

XIII. CANCIÓN DE VUELTA

49. *Voz*
     pasión
digo
         esto
y esto
            amor mío

Cima del canto
el ruiseñor y tú
ya sois lo mismo

JOSÉ ÁNGEL VALENTE

50. *Lo que hay*
es nuestro
     y es nuestro
esto
     de tan dentro
lo siempre que sabemos

Amar – un pensamiento
que crece
     y crece

     y el corazón
que ya sabía
          tanto

un camino
  que los ojos no pueden ver

51. *¿No basta saber*
         lo que sabemos?
¿No basta
     en el cielo huyendo
los ojos
         la piel hallada?

Dulce luz,
   lo que no sabemos
es dado a los poetas

52. *Amor,*
   ya todo
crezco
   lo sé
del todo
   empiezo

Esto es distinto; nunca lo sospeché y ahora lo tengo.

JUAN RAMÓN JIMÉNEZ

53. Esto que no sé
es nuestro
y canta
si vuelven como llama
con nosotros
las palabras

Palabras –
tan solo
palabras

palabras
para que yo te amara

54. Del mundo
un solo pedazo que yo amara
lo tengo entre la hierba
y llegas y sabes
   del olvido que subiera
   que es contra razón que el mar se pierda

Amor
adivinado
    en todo

  en el canto sin dónde
y en la hierba en claro
  tras la luz
    bullendo,
amor
  adivinado en lo amado
y en mí,
    en mí
  que amo – Nada sabiendo
        sino amor

   Nada amor
  sabiendo ama –
  en lo sabido nada
y en ti meciendo
que ya de amor
  a morar vengo

adivinando lo olvidado
amor, sabiendo ya en silencio
lo callado
y en este bosque abierto
estar y estar estando

55. Y en todo estoy volviendo
hacia delante
    que sabes
que amor es
lo único este instante
   si instante es del infinito toda parte.

y en este bosque abierto
     estar y estar estando

ÍNDICE

Cantares del más acá
de Jorge Solís,
compuesto con tipos Montserrat en créditos
y portadillas, y DGP en el resto de las tripas,
maquetado bajo el cuidado de Daniel Vera,
y con la aprobación de Raúl Alonso
como editor de mesa de la obra,
se terminó de imprimir
el 23 de abril de 2025,
festividad de San Jorge
y Día Internacional del Libro que
conmemora al unísono el entierro
de Miguel de Cervante Saavedra
según el calendario gregoriano,
la muerte (y también probable nacimiento)
de William Shakespeare
según el calendario juliano
y la muerte de Inca Garcilaso de la Vega.

LAUS DEO